Die Deutsche Bibliothek - CIP-Einheitsaufnahme

**Mandelmond & Sternenkuchen** : pfiffige Rezepte für kleine Weihnachtsbäcker / Barbara Cratzius ; Susanne Schwandt. - München : Ars-Ed., 1997
ISBN 3-7607-5503-8 Pp.

*Nach den Regeln der neuen Rechtschreibung*


Text: Barbara Cratzius
Titelbild und Innenillustration: Susanne Schwandt
Design des Topflappens: Susanne Schwandt
Manufactured in China
Redaktion: Sibylle Lehmann
Ausstattung und Herstellung: arsEdition, München
Printed in Italy · ISBN 3-7607-5503-8

Barbara Cratzius · Susanne Schwandt

# *Mandelmond & Sternenkuchen*

Pfiffige Rezepte für kleine Weihnachtsbäcker

arsEdition

# Inhalt

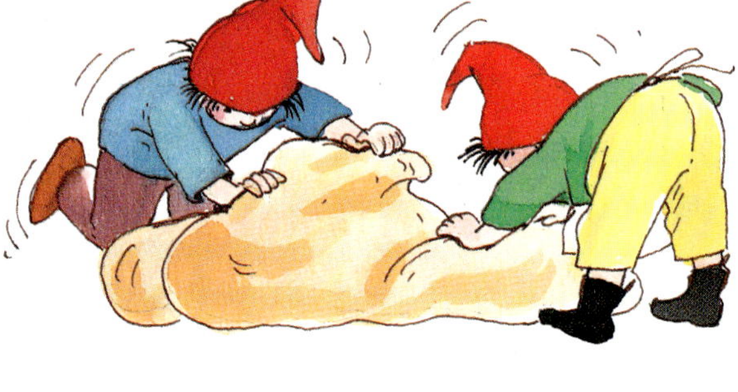

# *Wenn es nach Zimt und Vanille duftet*

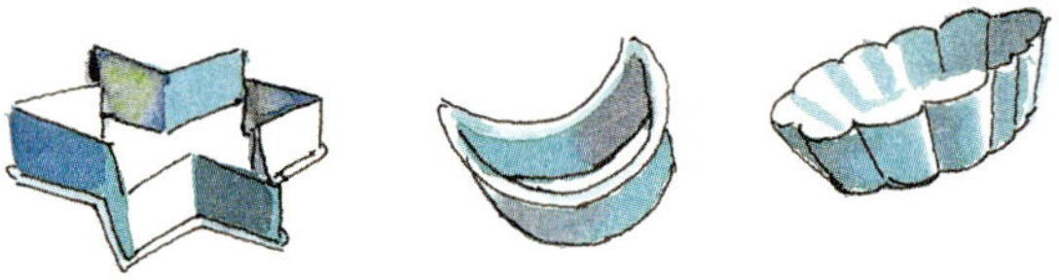

»Mami, der Florian hat heute in seinem Nikolausschuh einen ganz tollen Lebkuchenmann gehabt«, erzählt Laura ganz begeistert, als sie aus dem Kindergarten kommt.

»Wir wollen morgen in der Schulküche Zimtsterne und Mandelmonde backen. Das können wir zu Hause doch auch mal ausprobieren!«, ruft Michael ganz aufgeregt dazwischen.

»Und wie sieht die Küche danach aus?«, fragt die Mutter zweifelnd.

»Mami, Papi, wir räumen alles wieder auf und helfen auch beim Abwaschen. Oma hat doch auch gesagt, zu Weihnachten muss es nach Zimt und Vanille und Gewürzkuchen duften«, meint Michael.

Mami und Papi fügen sich seufzend den Weihnachtswünschen ihrer Kinder.

Kleinen Kindern macht es einen Riesenspaß, wenn sie aus dem Teig, den wir schon vorher zubereitet haben, mit den Formen Sterne, Monde, Herzen und Vögel ausstechen können. Auch können sie mit einem kleinen Pinsel die fertigen Figuren mit Zuckerguss überziehen oder mit Mandeln, Nüssen und bunten Zuckerperlen verzieren. Es macht Kindern besonders viel Freude, an einem niedrigen Kindertisch hantieren zu können. Auf dem Boden unterhalb der Arbeitsflächen breiten

wir am besten Packpapier- oder Zeitungsbogen aus. So können wir nach der Backaktion die Spuren unserer Arbeit schnell beseitigen.
Größere Kinder möchten natürlich selbstständig arbeiten. Wir sollten sie mit bestimmten Vorsichtsmaßnahmen vertraut machen, denn:

Wer will guten Kuchen machen,
der muss **wissen** viele Sachen.

**Wichtig:** Die ersten Backversuche sollten Kinder immer zusammen mit ihren Eltern durchführen. Hier ergibt sich vor allem die Möglichkeit für die Eltern, alle Küchengeräte genau zu erklären.
Erst wenn die Kinder über Backerfahrung verfügen, können sie sich alleine oder mit ihren Freunden ans Backen wagen. Allerdings sollte auch dann immer ein Erwachsener in der Nähe sein.

1. Zu einem richtigen Bäcker gehört auch unbedingt eine Schürze. Vor dem Backen sollte man sich zudem die Hände waschen und lange Haare zurückbinden.

2. Damit alles klappt, müssen die Rezepte vorher immer gut durchgelesen werden.

3. Alle Utensilien, die zum Backen benötigt werden, bereitstellen, z. B. Rührlöffel, Rührschüssel, Messbecher, Backformen, Ausstecher, Backbleche usw.

4. Ebenso alle Zutaten griffbereit hinstellen. Zum genauen Abmessen und Wiegen werden ein Messbecher und eine Küchenwaage benötigt.

5. Sobald mit heißen Blechen, dem vorgeheizten Backofen usw. hantiert wird, immer Topflappen bereitlegen. Den Kindern muss bewusst sein, dass sie sehr vorsichtig arbeiten müssen, sobald sie den Herd bedienen. Am besten sollte diese Tätigkeiten ein Erwachsener übernehmen.

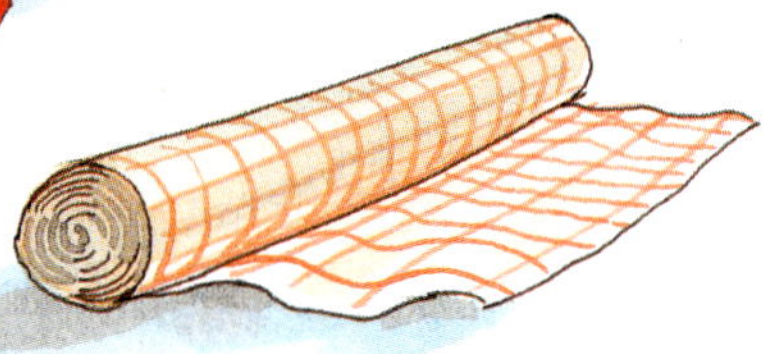

6. Um Teig herzustellen werden meistens die Hände benötigt. Damit man sie sich zwischendurch abwischen kann, kann eine Rolle Küchenkrepp bereitgelegt werden.

7. Kinder möchten unbedingt die elektrischen Küchengeräte, z. B. das Handrührgerät, bedienen. Hier ist Hilfe von Erwachsenen nötig.
Die Geräte dürfen nicht mit nassen Händen angefasst werden.

8. Damit Rührschüsseln beim Mixen nicht wegrutschen, kann man einen feuchten Lappen darunter legen.

9. Eier und Butter immer rechtzeitig aus dem Kühlschrank nehmen. Wenn sie nicht mehr kalt sind, lassen sie sich besser verarbeiten.
Bei Eiern immer die Geruchsprobe machen, sobald man sie aufgeschlagen hat. So kann man sich sicher sein, dass sie frisch sind.

10. Um die angegebenen Backzeiten einzuhalten sollte ein Küchenwecker benutzt werden.

11. Wer neugierig ist, kann durch das Backfenster die Plätzchen und Lebkuchen beobachten. Der Backofen sollte nicht zu oft geöffnet werden. Das kann den Plätzchen schaden und verbraucht zu viel Energie.

12. Nach dem Backen müssen alle Küchengeräte abgeschaltet und die Küche geschrubbt werden.

13. Die Plätzchen und Lebkuchen immer der Sorte nach in Dosen verstauen. So bleiben sie frisch und schmecken lange Zeit gut.

*Hinweis für alle Gasherd-Besitzer:*

Die Temperaturstufen sind bei den verschiedenen Gasherd-Fabrikaten sehr unterschiedlich. Bitte entnehmen Sie der Gebrauchsanweisung Ihres Geräts, welche Stufe der angegebenen Temperatur entspricht.

# *Lustige Plätzchen-Schablonen*

Die Motive können auf Papier oder Pappe übertragen, auf den Teig gelegt und ausgeschnitten werden. So bekommen Plätzchen und Lebkuchen tolle Formen.

# Lebkuchenfiguren

| *Was man für etwa 1 Blech braucht:* | *Zum Verzieren nach Belieben:* |
|---|---|

*Was man für etwa 1 Blech braucht:*

125 g Butter oder Margarine
250 g Honig
170 g Zucker
2 Esslöffel Kakao
1 Päckchen Lebkuchengewürz
1 Teelöffel Vanillezucker
500 g Mehl
1 Teelöffel Pottasche
1 Prise Salz
2 Eier
Mehl zum Kneten und Ausrollen

*Zum Verzieren nach Belieben:*

1 Eiweiß, Nüsse
250 g Puderzucker, etwas Zitronensaft oder Wasser
verschiedene Speisefarben, Zuckerschrift, -perlen und -streusel, Zuckerröschen, Smarties

*Außerdem:*

Frischhaltefolie
Backpapier
eventuell selbst gebastelte Schablonen
Faden zum Aufhängen

*So wird's gemacht:*

**1** Butter oder Margarine, Honig, Zucker, Kakao, Lebkuchengewürz und Vanillezucker in einem kleinen Topf bei schwacher Hitze erwärmen, bis sich der Zucker aufgelöst hat. Die Masse vom Herd nehmen und lauwarm abkühlen lassen.

**2** Mehl, Pottasche und Salz in einer Schüssel mischen, dann die Eier mit den Knethaken des Handrührgerätes darunter mengen. Zum Schluss die Honigmasse unterrühren. Das Ganze nun mit bemehlten Händen zu einem glatten Teig verkneten. Den Teig in Folie wickeln und über Nacht kühl stellen.

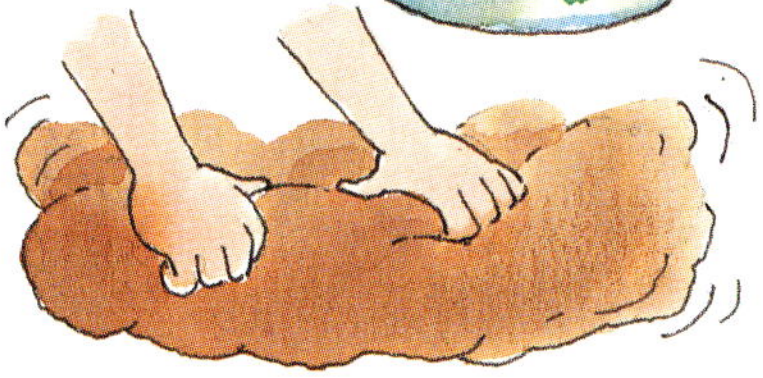

**3** Am nächsten Tag den Backofen auf 200° vorheizen. Ein Backblech mit Backpapier auslegen.

**4** Den Teig auf etwas Mehl mit einem Nudelholz etwa 1 cm dick ausrollen und mit Ausstechformen Lebkuchenmänner ausstechen. Falls die Figuren aufgehängt werden sollen, muss ein Loch jeweils oben in die Figur gestochen werden. Das geht am besten mit einer dicken Stricknadel.

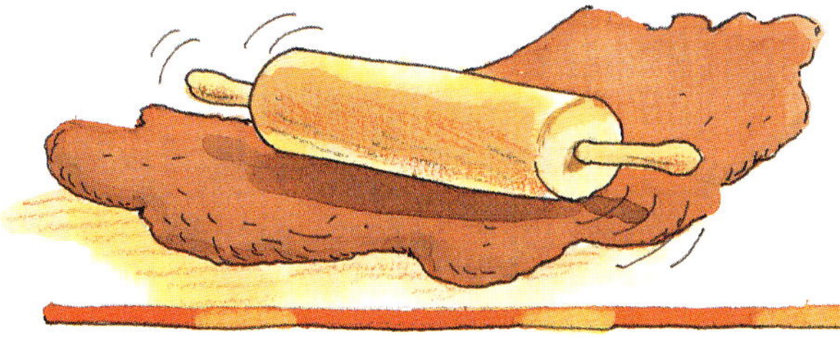

**5** Die Lebkuchenmänner auf das Backblech legen. Wer die Lebkuchenmänner mit Streuseln oder Nüssen verzieren möchte, bepinselt die Figuren vorher mit Eiweiß und verziert sie entsprechend.

**6** Die Lebkuchen im Backofen auf mittlerer Schiene (Umluft 180°) 15-20 Minuten backen, dann abkühlen lassen.

**7** Puderzucker mit Wasser oder Zitronensaft glatt rühren und die noch nicht verzierten Figuren damit bestreichen. Nach Belieben mit Zuckerzeug oder Smarties garnieren.

*Tipp:*
Nach dem Backen sind Lebkuchen hart. Damit sie weich werden, die Lebkuchen in eine Dose schichten und 1-2 Apfelschnitze darauf legen. Die Apfelscheiben geben Feuchtigkeit ab, dadurch werden die Lebkuchen weich. Die Apfelschnitze sollten allerdings nicht direkt auf den Lebkuchen liegen (Frischhaltefolie oder Pergamentpapier dazwischenlegen) und alle 2-3 Tage ausgetauscht werden.

# *Wenn die Lebkuchen tanzen*

Aus der Backstube von Bäckermeister Zimtstern duftet es in der Weihnachtszeit immer ganz besonders gut. Da liegen all die leckeren Vanillekipferl, die braunen Printen und die Nussmonde zum Abkühlen auf den Blechen. Der Bäckermeister zieht ein Blech nach dem anderen hervor und bepinselt die Plätzchen mit weißem und buntem Zuckerguss.
Am Schluss kommen die Lebkuchenmänner und Lebkuchenfrauen dran. Da gibt sich Bäckermeister Zimtstern immer besonders viel Mühe. Er verziert die Lebkuchen mit Mandeln und Lakritzstangen, mit Zuckerperlen und bunter Zuckerschrift. Dann stellt er in das Schaufenster drei schön geschmückte Lebkuchenmänner und drei Lebkuchenfrauen mit bunter Schürze und buntem Kopftuch.

Florian und Tanja gucken sich sehnsüchtig die leckeren Figuren an. »Schade, sie sind so teuer!«, sagt Tanja. »Und unsere Wunschzettel haben wir schon lange geschrieben«, meint Florian.
Vor Weihnachten sind alle Nussmonde und Zimtsterne ausverkauft. Aber die bunten Lebkuchenfiguren stehen am Tag vor Heiligabend immer noch im Fenster.

Langsam wird es dunkel. Kurz vor Mitternacht macht der Bäckermeister Zimtstern das Licht in der Backstube und im Schaufenster aus. Das Mondlicht wandert langsam von Haus zu Haus.
Auf einmal reibt sich der Mond ganz verwundert die Augen. »Was ist denn das?«, brummt er. »Die Lebkuchenmänner werden ja lebendig!«
Und wirklich – sie heben die braunen Beine. Sie schlenkern mit den Armen. Sie drehen die Köpfe herum. Sie tappen ein paar Schritte nach vorne, zur Seite, nach hinten, zuerst ganz ungelenk, dann immer schneller und schneller.
Nun sucht sich jeder Lebkuchenmann eine Lebkuchenfrau aus und fängt an mit ihr herumzutanzen, dass die bunten Smarties und Marzipanröschen herumwirbeln.
»Vorsicht!«, ruft der gute alte Mond. »Nicht so wild! Die Zuckerblumen fallen ab und die Mandeln und Perlen auf den Schürzen eurer Lebkuchenfrauen auch!«
Aber die Lebkuchenmänner tanzen immer ausgelassener und wilder. Dabei singen sie ganz laut:

»Hopp – wir wirbeln, dass es kracht,
hopp – die ganze Weihnachtsnacht!
Jeder braune Kuchenmann
fängt heut Nacht zu tanzen an.
Hopp – uns hat man hier vergessen,
hopp – wir sind nicht aufgegessen
und wir tanzen wild herum,
keiner steht heut still und stumm.«

»Ihr dummen Lebkuchen«, meint der Mond, »wartet nur, ihr werdet bestimmt noch gekauft! Ihr wisst gar nicht, wie schön es ist, wenn ihr am Weihnachtsabend unter dem geschmückten Weihnachtsbaum liegt!«
Früh am Morgen schaut der Bäckermeister Zimtstern ins Schaufenster. O weh, da sind die Lebkuchenfrauen und Lebkuchenmänner umgefallen. Mandeln, Nüsse und Zuckerblumen sind verrutscht. Hier fehlt ein Arm und dort ein Bein. Der Bäckermeister Zimtstern schüttelt den Kopf. »Da ist der freche Kater Mauz doch wieder heimlich hereingeschlichen«, denkt er. »Na, der kann was erleben! Die Lebkuchen kann ich nicht mehr verkaufen.« Doch schon bald ist er nicht mehr verärgert. Er steckt die Lebkuchenmänner und Lebkuchenfrauen in eine große Tüte und schenkt sie Tanja und Florian, die gerade wieder mit großen Augen ins Schaufenster sehen. Zu Hause angekommen klebt ihre Mutti die abgebrochenen Arme und Beine der Lebkuchenmänner und -frauen mit Eischnee an und spritzt mit bunter Zuckerschrift neue Blumen und schöne Muster auf.

Und die Lebkuchenfiguren? Die reißen die Mandelaugen auf, als man sie unter den Baum mit den funkelnden Kerzen und den bunten Kugeln legt. »Wunderbar!«, wispern sie leise. Und der große Lebkuchenmann flüstert: »Ich hab verstanden, was Tanja gesagt hat. Wir sind ihr und Florian viel zu schade zum Aufessen. Nun können wir uns bestimmt noch eine Woche lang an dem Duft und all der schönen Pracht freuen!«

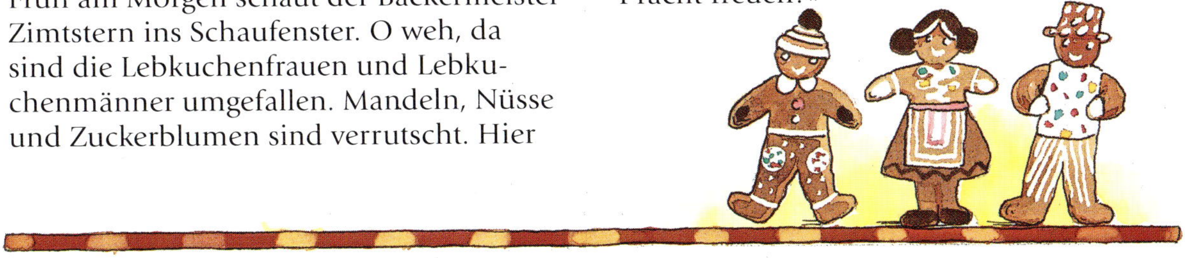

# Weihnachtliche Bilder

*Was man für etwa 1 Blech braucht:*

250 g Honig
100 g Zucker
1 Päckchen Vanillezucker
2 Esslöffel Sonnenblumenöl
1 Ei
1 Päckchen Lebkuchengewürz
1 Teelöffel Zimt
1 Prise Salz
500 g Vollkornweizenmehl
1 Teelöffel Pottasche
Mehl zum Ausrollen

*Zum Verzieren nach Belieben:*

Dosenmilch, Mandeln, Haselnüsse, Walnusskerne
Zuckerschrift in verschiedenen Farben, Zuckerperlen und -blüten etc.

*Außerdem:*

Frischhaltefolie
Backpapier

*So wird's gemacht:*

**1** Honig, Zucker und Vanillezucker in einem kleinen Topf bei schwacher Hitze erwärmen, bis sich der Zucker aufgelöst hat. Die Masse lauwarm abkühlen lassen. Dann Öl, Ei, Lebkuchengewürz, Zimt und Salz einrühren.

**2** Mehl und Backpulver mischen und $^2/_3$ der Menge mit den Knethaken des Handrührgerätes esslöffelweise in die Honigmasse rühren. Das restliche Mehl mit den Händen unter die Masse kneten. Den Teig in Frischhaltefolie wickeln und über Nacht kühl stellen.

**3** Am nächsten Tag den Backofen auf 180° vorheizen. Ein Backblech mit Backpapier auslegen.

**4** Den Teig auf etwas Mehl etwa 1 cm dick zu einem Rechteck ausrollen und auf das Backblech legen.

Soll der Riesenlebkuchen mit Nüssen verziert werden, können diese jetzt in den Teig gedrückt und dann der Lebkuchen mit Dosenmilch bestrichen werden.

**5** Den Lebkuchen im Backofen auf mittlerer Schiene (Umluft 160°) 15-20 Minuten backen, dann herausnehmen und abkühlen lassen.

**6** Wurde der Lebkuchen nicht mit Nüssen verziert, kann er nun nach Belieben mit Zuckerschrift in verschiedenen Farben, mit Zuckerperlen und -blüten etc. geschmückt werden. So könnte z. B. eine Winterlandschaft oder ein Hexenhaus mit Tannen, Mond und Sternen entstehen.

# Der naschhafte Wichtel Waldemar

Im Wichtelhaus, im Wichtelhaus,
da darf heut niemand ruhn.
Ein jedes kleine Wichtelkind,
das hat ganz viel zu tun.

Da wird gepinselt und gemalt,
der Hansi schneidet Sterne aus.
Und Bäckerwichtel Eduard,
der rührt den Teig fürs Hexenhaus.

Der Wichtel Till, der bringt das Holz
und heizt den großen Ofen an,
damit der Emil mit dem Hans
die Pfefferkuchen backen kann.

Der Wichtel Willi holt das Mehl,
die Olga puhlt die Mandeln aus.
Und jedes kleine Wichtelkind
hilft mit im Weihnachtswichtelhaus.

Bald duftet es im ganzen Haus,
es wird geknetet und gerührt.
Und Wichtel Till, der hat geschickt
die Pfefferkuchen noch verziert.

Das kann er mit geübter Hand,
er spritzt den bunten Zuckerguss
und drückt geschickt die Mandeln ein,
Rosinen und die Haselnuss.

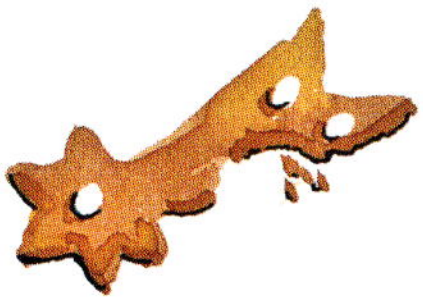

Schaut her, das bunte Kuchenbild!
Voll Zuckerschnee der Tannenbaum!
Und überm Pfefferkuchenhaus
hängt zuckersüßer Flockenflaum.

Der Weihnachtsmann guckt alles an
und freut sich an der Wichtelschar.
Dann ruft er: »Alle seid ihr da!
Doch wo ist wieder Waldemar?«

Der Waldemar, der freche Wicht,
der ist mal hier und ist mal dort.
Er heckt die tollsten Streiche aus
und packt ihr ihn, so ist er fort.

Und wirklich – von dem Kuchenhaus,
da fehlt ein Stück am Fenster hier.
Das rote Herz aus Marzipan
hängt nicht mehr an der Tür.

Und von dem großen Kuchenbild,
da fehlt die dicke Nuss.
Ein frecher Finger hat probiert
vom süßen Zuckerguss.

Der Waldemar, der Waldemar,
der hat sich gut versteckt.
Und ganz bestimmt hat Waldemar
euch auch schon mal geneckt.

Und fehlt vom Kuchenmann ein Ohr
genau wie letztes Jahr!
Und hat der Esel keinen Schwanz,
dann war's – der Waldemar!

# Vanilleplätzchen

*Was man für etwa 35 Stück braucht:*

200 g Butter
100 g Puderzucker
1 Vanilleschote
260 g Mehl
1 Prise Salz
100 g gemahlene Mandeln
Mehl zum Ausrollen

*Zum Verzieren nach Belieben:*

100 g Puderzucker

*Außerdem:*

Frischhaltefolie
Backpapier

*So wird's gemacht:*

**1** Butter und Zucker schaumig rühren.

Die Vanilleschote mit einem spitzen Messer längs aufschlitzen und das Mark herauskratzen. Vanillemark, Mehl, Salz und Mandeln zu dem Buttergemisch geben und alles mit den Händen rasch zu einem glatten Teig verkneten. Den Teig zu einer Kugel formen, in Folie wickeln und für 1 Stunde in den Kühlschrank legen.

**2** Den Backofen auf 180° vorheizen.

Ein Backblech mit Backpapier auslegen.

**3** Den Teig auf etwas Mehl etwa 1 cm dick ausrollen.

Mit Ausstechformen Herzen oder Sterne ausstechen und auf das Backblech legen.

**4** Die Vanilleplätzchen im Backofen auf mittlerer Schiene (Umluft 160°) 10-15 Minuten backen.

**5** Die warmen Plätzchen nach Belieben noch in Puderzucker wälzen.

# *Eine merkwürdige Gesellschaft im Zoo*

Hört her, ich will euch heut berichten
ganz eigenartige Geschichten.
Geht das mit rechten Dingen zu?
Nein, nein, es lässt mir keine Ruh!

Es liegen beisammen ganz friedlich vereint
die schlimmsten Feinde, wie mir scheint.
Die Katze mit den scharfen Krallen,
der scheint es beim Hundevolk zu gefallen.

Ein Dino daneben mit spitzen Zacken
und Stacheln auf dem breiten Nacken.
Drei Hasen hocken still und brav,
daneben steht ein kleines Schaf.

Zwei Vögel und ein bunter Fisch
und alles duftet köstlich und frisch.
Zehn Sterne und zwei Engel auch,
ein Schneemann mit ganz dickem Bauch.

Gleich kommen sie in den Ofen hinein
und dann wird der Zoo bald fertig sein!
Wo kann wohl so etwas geschehn?
Bei uns in der Küche könnt ihr's sehn!

Kommt her – nun ist's schon wieder so weit:
Das Plätzchenbacken in der Weihnachtszeit!

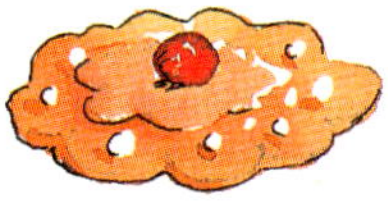

# Kunterbunte Weihnachtsplätzchen

*Was man für etwa 2 Bleche braucht:*

*Für den Teig:*

1 Backmischung Buttergebäck (500 g)
Mehl zum Ausrollen
Für die Eigelbglasur:
1 Eigelb
2 Esslöffel Milch
Für die Puderzuckerglasur:
100 g Puderzucker
2 Esslöffel Zitronensaft
Für die Schokoglasur:
100 g Zartbitter-Kuvertüre

*Zum Verzieren nach Belieben:*

*Für die Eigelbglasur:*

Mohn, Sesam, Mandeln, Haselnüsse

*Für die Puderzuckerglasur:*

Liebesperlen, Zuckerperlen, Schokoladenplättchen, Zuckerschrift in verschiedenen Farben

*Für die Schokoglasur:*

Zuckerperlen, Schokoladenplättchen oder -streusel, Zuckerschrift in verschiedenen Farben

*Außerdem:*

Frischhaltefolie
Backpapier

*So wird's gemacht:*

**1** Die Backmischung wie auf der Packung angegeben in einer Rührschüssel zubereiten und mit den Knethaken des Handrührgerätes tüchtig durchkneten. Den Teig in Frischhaltefolie wickeln und 30 Minuten im Kühlschrank ruhen lassen.

**2** Den Backofen auf 180° vorheizen. Ein Backblech mit Backpapier auslegen.

**3** Den Teig auf etwas Mehl etwa 4 mm dick ausrollen. Mit Ausstechformen beliebige Motive ausstechen, beispielsweise Sterne, Engel, Vögel, Tannenbäume usw.

**4** Die Figuren auf das Backblech legen. Das Eigelb mit der Milch verquirlen und einige der Plätzchen damit bestreichen. Nach Belieben mit Mohn, Sesam, Mandeln oder Haselnüssen verzieren. Die Plätzchen im Backofen auf mittlerer Schiene (Umluft 160°) etwa 10 Minuten backen.

**5** Die Plätzchen herausnehmen und abkühlen lassen. Die Plätzchen ohne Eigelbglasur mit Puderzucker- oder Schokoglasur bestreichen.

**6** Für die Puderzuckerglasur den Puderzucker mit dem Zitronensaft verrühren, einige Plätzchen damit bestreichen, nach Belieben verzieren und trocknen lassen.

**7** Für die Schokoglasur die Kuvertüre zerkleinern und in einen kleinen Topf mit Stiel geben. In einem größeren Topf etwas Wasser erhitzen, aber nicht kochen lassen. Den kleinen Topf hineinstellen und die Kuvertüre unter Rühren langsam schmelzen lassen. Aufpassen, dass kein Wasser in die Kuvertüre gerät, sonst wird sie stumpf. Die restlichen Plätzchen mit der warmen Kuvertüre bestreichen, verzieren und trocknen lassen.

*Tipp:*
Schneller und einfacher geht das Schmelzen der Kuvertüre in der Mikrowelle. Dafür die Kuvertüre in eine mikrowellengeeignete Form geben und bei 300 Watt in etwa 2 Minuten schmelzen lassen.

# Marzipan-Mäuschen

*Was man für etwa 6 Stück braucht:*

200 g Marzipan-Rohmasse
100 g Puderzucker
6 geschälte Mandeln
12 Zuckerperlen
2 Lakritzschnecken

*So wird's gemacht:*

**1** Die Marzipan-Rohmasse und den Puderzucker mit den Händen verkneten.

**2** Aus der Masse kleine, vorn spitz zulaufende Mäusekörper formen.

**3** Die Mandeln der Länge nach durchschneiden und bei jeder Maus 2 Mandelhälften als Ohren auf den spitzen Teil des Körpers setzen.

**4** Davor 2 Zuckerperlen als Augen eindrücken.

**5** Die Lakritzschnecken ausrollen. Für die Barthaare die Lakritzstreifen trennen, kurze Stücke schneiden und jeweils am spitzen Ende in die Marzipanmäuse stecken.

**6** Für den Schwanz jeweils 1 längeres, dickes Stück von der Lakritzschnecke abschneiden und hinten an den Mäusen befestigen.

# Schneeball-Makronen

*Was man für 25-30 Stück braucht:*

3 Eiweiß
250 g Puderzucker
250 g gemahlene Haselnüsse oder Mandeln
1/2 Teelöffel gemahlene Vanille (gibt's im Reformhaus)

*Für die Puderzuckerglasur:*

100 g Puderzucker
1-2 Esslöffel Zitronensaft

*Außerdem:*

Backpapier

*So wird's gemacht:*

**1** Das Eiweiß mit den Schneebesen des Handrührgeräts steif schlagen. Puderzucker, Haselnüsse oder Mandeln und die Vanille unterrühren.

**2** Den Backofen auf 180° vorheizen. Ein Backblech mit Backpapier auslegen.

**3** Aus der Makronenmasse mit 2 Teelöffeln kleine Häufchen auf das Backblech setzen.

**4** Die Makronen im Backofen auf mittlerer Schiene (Umluft 160°) 15-20 Minuten backen.

**5** Die Schneebälle abkühlen lassen. Den Puderzucker mit dem Zitronensaft verrühren und die Makronen damit bepinseln.

# Zimtsterne

*Was man für etwa 30 Stück braucht:*

3 Eiweiß
250 g Puderzucker
Saft und abgeriebene Schale von
1/2 unbehandelten Zitrone
2 Teelöffel Zimt
400 g ungeschälte gemahlene Mandeln
Zucker oder Frischhaltefolie zum Ausrollen

*Außerdem:*

Backpapier
eventuell Frischhaltefolie

*So wird's gemacht:*

**1** Das Eiweiß mit dem Handrührgerät zu steifem Schnee schlagen. Den Puderzucker dabei langsam einrieseln lassen. Zitronensaft und -schale unterrühren. Die Masse sollte zähflüssig sein. 5 Esslöffel von der Eiweißmasse für die Glasur abnehmen und kalt stellen.

**2** Zimt und Mandeln unter die restliche Masse mengen. Den Teig zugedeckt etwa 1 Stunde kalt stellen.

**3** Dann den Backofen auf 150° vorheizen. Ein Backblech mit Backpapier auslegen.

**4** Den Teig portionsweise auf etwas Zucker oder zwischen zwei Lagen Klarsichtfolie etwa 1 cm dick ausrollen. Mit einer Sternform Plätzchen ausstechen.

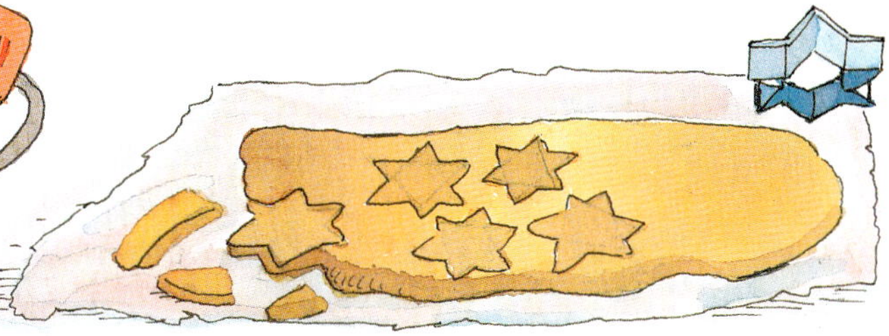

**5** Die Sterne auf das Backblech legen und mit der Glasur bestreichen. Auf mittlerer Schiene (Umluft 130°) etwa 20 Minuten backen, bis die Glasur hellgelb ist.

# *Tanzende Schneeflocken*

Die Reime lassen sich auch auf die Melodie »Zehn kleine Negerlein« singen.

Viele kleine Schneeflocken,
die tanzen her von weit.
Sie schweben aus dem Wolkenmeer,
oh, schöne Flockenzeit!

Viele kleine Schneeflocken,
wer hätte das gedacht?
Die machen Zaun und Wiese weiß
in einer Winternacht.

Viele kleine Schneeflocken,
wir laufen schnell hinaus,
denn unsre nasse graue Welt
sieht ganz verzaubert aus.

Viele kleine Schneeflocken,
ihr sollt noch lang nicht taun.
Wir wollen heut vor unsrem Haus
den größten Schneemann baun.

Und weil Schneeflocken doch irgendwann mal schmelzen, kann man die kleinen weißen süßen »Schneeball-Makronen« backen. Die tauen nicht weg. Oder doch? Lange werden sie sicherlich nicht auf den bunten Plätzchentellern liegen bleiben!

# *Von A bis Z im Wichtelhaus*

Der Wichtelbäcker Waldemar
hat sich was ausgedacht,
was Wichteln und dem Nikolaus
ganz sicher Freude macht.

Die Buchstaben, ganz bunt geschmückt
für jedes Wichtelkind,
die schiebt er in den Ofen rein,
geschickt und sehr geschwind.

Und sicher freut sich **O**ttokar,
er kriegt ein großes **O**,
das Wichtelmädchen **I**sabell
ist übers **I** so froh.

Und nicht nur bei der Wichtelschar,
nein, auch bei euch zu Haus,
da stecht ihr sicher A und O
und K und M bald aus.

Vergesst auch nicht ein **E** und **N**,
bald kommt der **N**ikolaus.
Für ihn und für das **E**selstier
legt ihr die Kekse raus.

# Süße Buchstaben zur Weihnachtszeit

*Was man für etwa 2 Bleche braucht:*

320 g Mehl
1/2 Päckchen Backpulver
120 g kalte Butter
125 g Zucker
1 Päckchen Vanillezucker
1 Teelöffel Orange-back
4 Esslöffel kalte Milch
Mehl zum Ausrollen

*Zum Verzieren:*

Dosenmilch oder verquirltes Eigelb, bunte Zuckerstreusel, Schokoladenstreusel, klein gehackte Nüsse

*Außerdem:*

Frischhaltefolie
Backpapier
Buchstaben-Ausstecher oder selbst gebastelte Buchstaben-Schablonen
eventuell 1 Holzspießchen (Zahnstocher)

*So wird's gemacht:*

**1** Mehl und Backpulver auf der Arbeitsfläche mischen. Butter in Würfel schneiden und darauf verteilen. Alles mit einem großen Messer hacken, bis die Butter feinblättrig ist. Zucker, Vanillezucker, Orangen-Aroma und Milch in die Mitte geben. Alles rasch mit den Händen zu einem glatten Teig verarbeiten.

**2** Den Teig in Frischhaltefolie wickeln und 1 Stunde in den Kühlschrank legen.

**3** Ein Backblech mit Backpapier belegen. Von dem Teig kleine Portionen abschneiden und dünn ausrollen (den restlichen Teig immer wieder in den Kühlschrank legen). Mit Ausstechern oder Schablonen die Buchstaben ausstechen oder ausschneiden und auf das Backblech legen.

**4** Den Backofen auf 200° vorheizen.

**5** Die Plätzchen mit Dosenmilch oder Eigelb bestreichen, mit Zucker- oder Schokoladenstreuseln und gehackten Nüssen verzieren. Zum Aufhängen nach Belieben mit einem Holzspießchen Löcher oben in die Buchstaben stechen.

**6** Die Plätzchen im Backofen auf mittlerer Schiene (Umluft 180°) 8-10 Minuten backen.

*Tipp:*
Die Buchstabenkekse sind eine sehr persönliche, weihnachtliche Überraschung. Sicher wird sich jeder freuen, wenn er seinen Namen in Plätzchenform bei seinem Gedeck oder auf einem Geschenk findet. Zum Aufhängen eine feine Goldkordel durch die Löcher ziehen und die Buchstaben an einen Tannenzweig oder an den Weihnachtsbaum hängen.

# Mandelmonde

*Was man für 1 Blech braucht:*

100 g gemahlene Mandeln
150 g Mehl
70 g Zucker
1 Eigelb
1 Prise Salz
1 Messerspitze Vanillepulver
100 g kalte Butter
Mehl zum Ausrollen

*Außerdem:*

Frischhaltefolie
Backpapier

*So wird's gemacht:*

**1** Alle Zutaten bis auf die Butter mischen und auf eine Arbeitsfläche geben. Die Butter in kleinen Flöckchen darauf verteilen. Alles mit den Händen rasch zu einem geschmeidigen Teig verkneten.

**2** Den Teig zu einer Kugel formen, in Frischhaltefolie wickeln und für 30 Minuten in den Kühlschrank legen.

**3** Den Backofen auf 170° vorheizen. Ein Backblech mit Backpapier auslegen.

**4** Den Teig auf etwas Mehl zu einer dicken Rolle formen. Davon kleine Stücke abschneiden und diese zu 7-9 cm langen, dünnen Röllchen formen, die an den Enden spitz zulaufen. Die Röllchen dann zu Sichel-Monden formen und auf das Backblech legen.

**5** Die Monde im Backofen auf mittlerer Schiene (Umluft 150°) etwa 20 Minuten backen.

# *Von Zimtsternen, Haselmäusen und einem Hefedino*

In der Backstube vom Nikolaus geht es hoch her. Die Wichtel haben vor Weihnachten alle Hände voll zu tun. So viele Lebkuchen und Pfeffernüsse und Zimtsterne müssen noch gebacken werden. Endlich sind die vielen Bleche mit den duftenden Weihnachtsplätzchen fertig. Der kleine Wichtel Willibald stellt sie zum Auskühlen ans Fenster.

»Mach das Fenster nur einen Spaltbreit auf!«, ruft ihm der Oberwichtel Heribert zu. »Du weißt doch, die naschhaften Raben und Elstern hocken schon wieder hoch oben auf den Tannenzweigen vor dem Wichtelhaus.«

»Ich pass schon auf!«, ruft Willibald. Aber mit der allerkleinsten Haselmaus Hopsi hat er doch nicht gerechnet. Die ist nämlich gerade aus ihrem Winterschlaf aufgewacht und hatte von einem wunderbaren Mäuseweihnachtsfest geträumt. – »So ein Duft!«, piept sie und verdreht die blanken kleinen Mäuseaugen. Sie zupft ihre Mäuseschwester Topsi an den Mäuseohren. »Los, aufwachen! Mir nach!« Micki und Mucki trippeln auch mit. Mäuseflink

huschen sie durch den tiefen Schnee. – »Kommt, hier durch den Zaun und dann das Fenster hoch!«, kommandiert Hopsi. »Igitt, der Schnee ist kalt!«, jammert Micki. »Sei doch nicht so zimperlich!«, schimpft Hopsi. »In diesem Jahr wollen wir auch Weihnachten feiern! Mit allem Drum und Dran. Wozu haben wir die vielen Nüsse gesammelt? Und jetzt gibt's auch noch Zimtsterne und Nusskringel für den bunten Teller dazu. Ist doch toll, oder?«

Auf einmal fehlen auf dem letzten Backblech im Wichtelhaus drei Nusskringel und fünf Sternenzacken. Und von dem dicken Dino aus Hefe sind auch fünf Stacheln abgefallen.
Der kleine Willibald merkt es bald und schaut ängstlich zum Oberwichtel Heribert. Aber der ist gerade damit beschäftigt den Marzipanmäusen die Schwänze anzukleben.
Ha – auf einmal weiß Willibald Bescheid! Das sind nicht die gefräßigen Krähen und Elstern gewesen. Die Haselmäuse sind die Diebe, genau wie im letzten Jahr. Ganz vorsichtig schiebt er die Lebkuchen und Pfeffernüsse zurecht, damit die Lücken nicht auffallen.
Und der Dino mit den abgeknabberten Stacheln?
Den schiebt er ganz schnell unter seinen Wichtelkittel. Und dann – husch – ins Wichtelbett damit.
»Den Dino teil ich mir heut Nacht mit Wichtel Kunibert«, denkt Willibald und pfeift fröhlich vor sich hin.
Ja, wenn der Kater Kasimir nicht so eine feine Nase hätte! Ihr könnt euch sicher denken, was mit dem Dino passiert ist.
Kater Kasimir schleckt sich noch am nächsten Tag die Pfoten. »Mm, der Hefedino war gut. Ob ich noch einen Hefenikolaus bei den Wichteln stibitzen kann? Mal sehn.«
Die Haselmäuse feiern ein tolles Weihnachtsfest, Kater Kasimir streichelt sich sein dickes Bäuchlein und die Wichtel müssen fleißig weiterbacken, damit der Nikolaus auch genügend Plätzchen für die Kinder hat.

# St. Martin und Nikolaus aus Hefeteig

*Was man für 2 große Figuren braucht:*

500 g Mehl
30-40 g Hefe
knapp 1/4 l lauwarme Milch
80 g Zucker oder Honig
100 g weiche Butter
1 Ei
1/2 Teelöffel gemahlene Vanille
abgeriebene Schale von 1 unbehandelten Zitrone
1 Prise Salz
Mehl zum Ausrollen

*Zum Verzieren:*

1 Ei, Rosinen, Mohn, Sesam, Nüsse, Kürbiskerne, Mandeln

*Außerdem:*

große Ausstecher oder selbst gebastelte Schablonen
Backpapier

*So wird's gemacht:*

**1** Mehl in eine Schüssel geben und eine Mulde in die Mitte drücken. Hefe mit etwas lauwarmer Milch und etwas Zucker oder Honig anrühren, in die Mulde geben und mit wenig Mehl verrühren. Die Schüssel zugedeckt an einen warmen Ort stellen. Den Vorteig 15 Minuten gehen lassen.

**2** Die restliche Milch, den übrigen Zucker oder Honig, die weiche Butter, das Ei, die Vanille, die Zitronenschale und das Salz zu dem Hefeteig geben und alles zu einem geschmeidigen Teig verkneten. Den Teig zugedeckt 30-45 Minuten gehen lassen, bis sich sein Volumen etwa verdoppelt hat.

**3** Den Backofen auf 180° vorheizen. Ein Backblech mit Backpapier auslegen.

**4** Den Teig auf etwas Mehl ausrollen. Mit Ausstechern oder Schablonen Figuren wie St. Martin, Nikolaus, Pferdchen, Dinos u. Ä. ausstechen oder ausschneiden und auf das Backblech legen.

**5** Nun das Ei verquirlen, die Figuren damit bestreichen und mit Rosinen, Mohn und Mandeln verzieren.

**6** Die Figuren im Backofen auf mittlerer Schiene (Umluft 160°) etwa 20 Minuten backen.

# Johannisbeerringe

*Was man für 25-30 Stück braucht:*

300 g Mehl
100 g Zucker
200 g kalte Butter
1 Ei
1/2 Teelöffel gemahlene Vanille (gibt's im Reformhaus)
abgeriebene Schale von 1 unbehandelten Zitrone
1 Prise Salz
1/2 Glas Johannisbeergelee (etwa 200g)
Mehl zum Ausrollen

*Zum Verzieren:*

4 Esslöffel Puderzucker zum Bestäuben
ganze Mandeln oder Haselnüsse

*Außerdem:*

Frischhaltefolie
Backpapier

*So wird's gemacht:*

**1** Mehl und Zucker mischen, auf eine Arbeitsfläche geben und in die Mitte eine Vertiefung drücken. Die Butter in kleinen Flöckchen auf dem Rand verteilen. Ei, Vanille, abgeriebene Zitronenschale und Salz in die Vertiefung geben. Alles mit den Händen rasch zu einem glatten Teig verkneten.

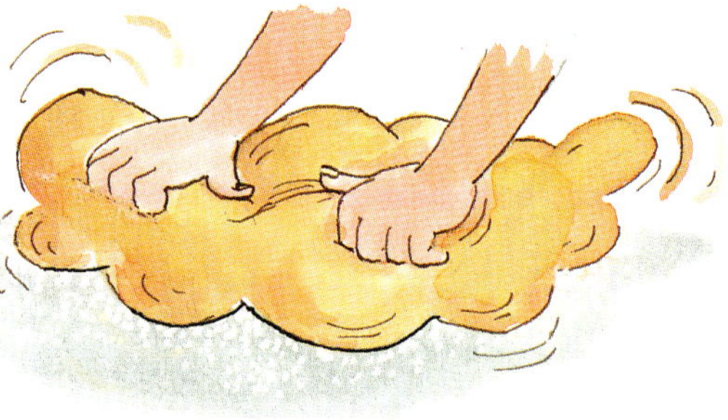

**2** Den Teig zu einer Kugel formen, in Frischhaltefolie wickeln und 1-2 Stunden in den Kühlschrank legen.

**3** Den Backofen auf 180° vorheizen. Ein Backblech mit Backpapier auslegen.

**4** Den Teig auf etwas Mehl 3-4 mm dick ausrollen. Mit einem Glas (etwa 6,5 cm Durchmesser) Kreise ausstechen. Aus der Hälfte der Kreise mit einem kleineren Glas (etwa 3,5 cm Durchmesser) wiederum Kreise ausstechen, sodass Ringe entstehen.

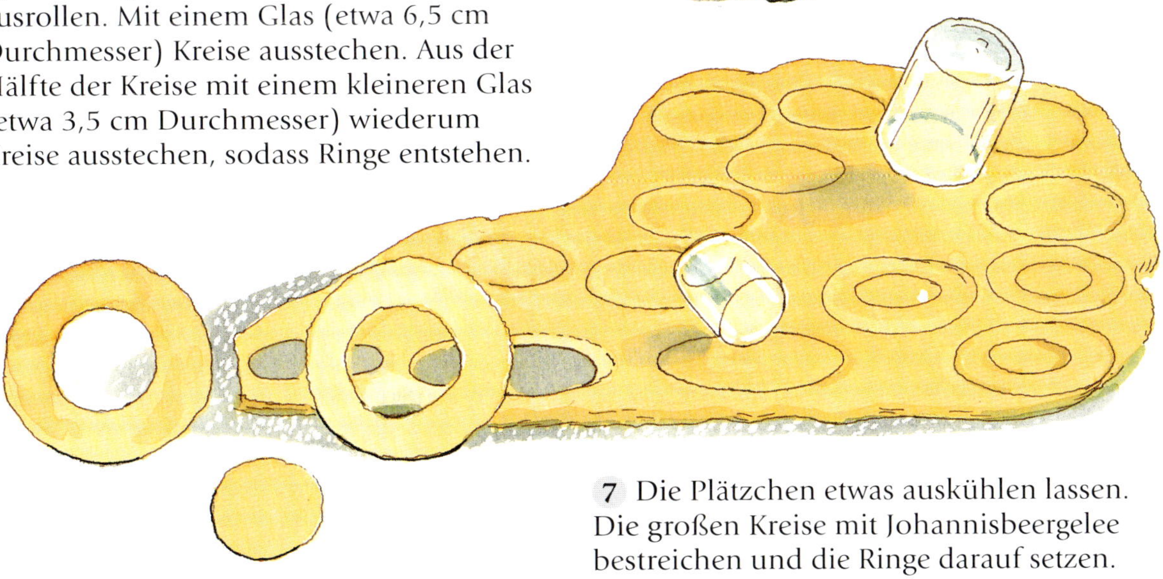

**5** Die übrig gebliebenen kleinen Kreise mit Mandeln oder Haselnüssen verzieren.

**6** Die großen Kreise, die Ringe und die verzierten kleinen Kreise auf das Backblech legen und im Backofen auf mittlerer Schiene (Umluft 160°) 8-10 Minuten backen.

**7** Die Plätzchen etwas auskühlen lassen. Die großen Kreise mit Johannisbeergelee bestreichen und die Ringe darauf setzen. Die Plätzchen mit Puderzucker bestäuben.

# *Plätzchen nach Rezepten der Bäckerengel*

Wisst ihr, was der Weihnachtsmann im Sommer macht? Urlaub auf den Osterinseln vielleicht? Damit er seine schmerzenden Füße im Wasser und Sand ausruhen kann? – Weit gefehlt!
»Im Sommer wird das Wichtelhaus aufgeräumt!«, ruft der Weihnachtsmann den Wichteln energisch zu. »Schluss mit dem Rumtoben, auf Bäume klettern und auf Zweigen schaukeln. Jetzt werden die Schränke ausgewischt und die Teigreste von den Blechen abgekratzt. Und die Reste von den Bindfäden, das zerknüllte Weihnachtspapier und die Säcke mit den Löchern – alles soll in den Ofen wandern. Unser Wichtelhaus ist doch keine Müllkippe!«

Und so fangen die Wichtel ganz eifrig mit dem Großreinemachen an. »Da steigt ja so viel Rauch aus dem Schornstein auf!«, wundert sich der kluge Eichelhäher. »Kra - kra, werden denn schon die Weihnachtsplätzchen gebacken?«
Aber der gute Oberwichtel Waldemar, der nicht mehr so gut sehen kann, hat die verknüllten, alten Rechnungen für die Mehlsäcke in den Ofen geworfen. Und dabei sind ihm auch all die guten alten Rezepte für die leckeren Weihnachtskuchen mit hineingerutscht und verbrannt, ohne dass er es gemerkt hat. Die hatte ihm noch sein Großvater mit kritzeligen Buchstaben aufgeschrieben. Oje!

Als die ersten Schneeflocken auf das Dach vom Wichtelhaus fallen, kramt Waldemar die alten Ausstechformen und die Backmodeln aus der Schublade hervor. Aber wo sind die Rezepte geblieben? Alle Wichtelkinder müssen suchen helfen, aber die Seiten aus dem alten Rezeptbuch sind nicht aufzufinden.
Waldemar zieht die Wichtelstirn kraus. Vor lauter Kummer kann er gar nicht mehr richtig schlafen. Soll es in diesem Jahr etwa keine Plätzchen mehr geben? Keinen Duft mehr nach Kardamom, nach Anis und Zimt und Nelken? Keine Lebkuchen nach den Rezepten, die nur noch die Bäckerwichtel und die Bäckerengel kennen? Engel – das ist's! »Liebe Bäckerengel hoch oben in der Wolkenbackstube!«, betet Waldemar. »Helft mir doch! Ihr kennt doch all die alten Rezepte. Habt ihr sie nicht irgendwo notiert oder vielleicht sogar im Himmelscomputer gespeichert?«

Die Engel haben feine Ohren. Sie schicken einen kleinen Bäckerengel los, der in der Nacht in das Wichtelhaus schwebt. Mit feiner Engelsfeder (oben aus dem rechten Flügel ausgezupft) schreibt er die alten Weihnachtsrezepte auf – in allerschönster Engelsschrift. Wollt ihr wissen, welche es sind? Ihr könnt sie alle in diesem Buch nachlesen.

# Marzipan-Schneemann

*Was man für 1-2 Schneemänner braucht:*

350 g Marzipan-Rohmasse
150 g Puderzucker
10 Korinthen
1 Päckchen kandierte Früchte (z. B. Kirschen, Orangenscheiben)

*Außerdem:*

2 Holzspießchen (Zahnstocher)

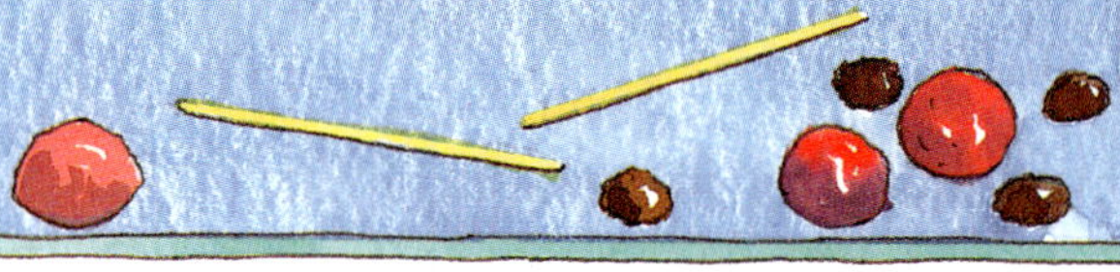

*So wird's gemacht:*

**1** Marzipan-Rohmasse und Puderzucker mit den Händen verkneten. Aus etwa der Hälfte der Masse einen Schneemann-Kugelbauch formen. Einen kleinen Holzspieß (Zahnstocher) hineinstecken.

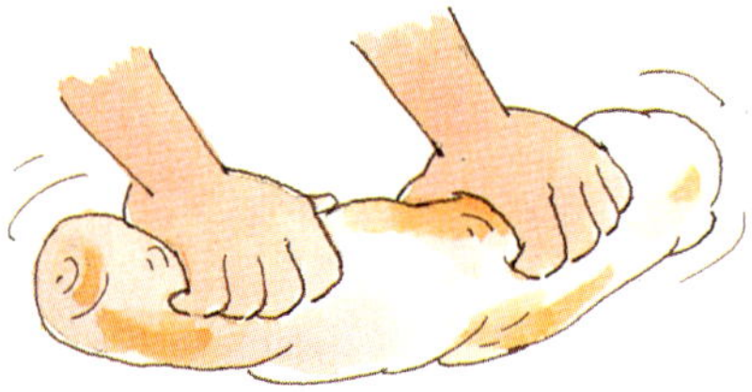

**2** Aus der anderen Hälfte der Marzipanmasse die Kugeln für Brust und Kopf des Schneemanns sowie seinen Hut formen. Die Brust auf das Holzspießchen im Bauch stecken. Das zweite Spießchen hineinstecken und daran Kopf und Hut befestigen.

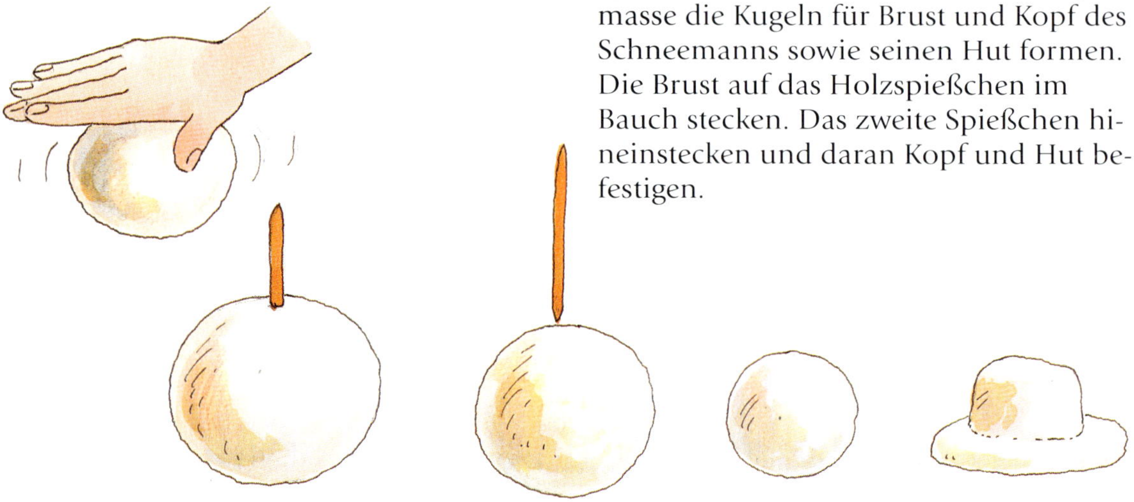

**3** Aus den kandierten Früchten Nase und Mund formen und auf den Schneemannkopf drücken. Für die Augen Korinthen auf den Kopf, für die Knöpfe Korinthen auf den Bauch drücken. Fertig ist der Schneemann für drinnen!

# Das Abenteuer von Schneemann Ottokar

Seht, im Garten dort am Zaune
steht der Schneemann Ottokar.
Eis und Schnee und Wind und Stürme
findet er ganz wunderbar.

Doch ganz tief im Schneemannbauche
träumt er seinen schönsten Traum.
Ach, er wünscht sich rosa Blüten
an dem kahlen Apfelbaum.

Sommersonne, warme Lüfte
wünscht sich Schneemann Ottokar.
Eine bunte Sommerwiese –
Schmetterlinge, ist doch klar!

Und wenn es ganz dunkel ist,
nachts um zwölf, einmal im Jahr,
geht der Wunschtraum in Erfüllung
für den Schneemann Ottokar.

Und da stampft er durch den Garten,
schnuppert in die warme Luft.
Wunderbar! Jasmin und Rosen
und der würz'ge Wiesenduft!

Hell und heller wird's im Osten,
Sommersonne scheint so warm.
Lerchen, Stare, Schmetterlinge
setzen sich auf seinen Arm.

Hasen kommen angehoppelt,
machen ihm gleich Männchen vor.
Und die Mäuse stecken Blüten
Ottokar ans rechte Ohr.

Eichhörnchen auf flinken Beinen
zeigen ihm den wilden Tanz.
Und die Mäusekinder piepsen:
»Tritt bitte nicht auf unsren Schwanz!«

Schwalben schießen pfeilgeschwinde
hoch und nieder übers Feld.
Ottokar seufzt voll Entzücken:
»Oh, du schöne Sommerwelt!«

Horch, da schlägt es eins vom Turme
und der Zauber ist nun aus.
Ottokar steht wieder schweigsam,
starr und still vor unsrem Haus.

Glaubt ihr nicht, was ich erzähle
von des Schneemanns Wintertraum?
Unsre Eule hat's berichtet,
die saß hoch im Apfelbaum.

Eulen, die sind klug und weise,
sehen nachts ganz wunderbar.
Und sie sahn das Abenteuer
von dem Schneemann Ottokar.

# Honigtaler für hungrige Bärenkinder

*Was man für etwa 70 Stück braucht:*

150 g Honig
100 g Ursüße (gibt's im Reformhaus)
80 g gemahlene Mandeln
1 Päckchen Vanillezucker
abgeriebene Schale von 1 unbehandelten Zitrone
1 Teelöffel Zimt
1 Messerspitze gemahlene Nelken
1 Prise Salz
125 g Butter oder Margarine
1 Ei
350 g Vollkornweizenmehl
1/2 Teelöffel Pottasche
Mehl zum Ausrollen

*Außerdem:*

Frischhaltefolie
Backpapier

*So wird's gemacht:*

**1** Honig mit Ursüße in einem kleinen Topf bei schwacher Hitze erwärmen, bis die Ursüße flüssig ist.

**2** Mandeln, Vanillezucker, Zitronenschale, Zimt, Nelken und Salz mit den Schneebesen des Handrührgerätes verrühren.

Butter oder Margarine und das Ei untermengen. Mehl und Pottasche mischen, dazugeben und alles mit den Händen zu einem festen Teig verkneten. Der Teig darf nicht kleben, eventuell noch etwas Mehl untermengen. Den Teig in Frischhaltefolie wickeln und über Nacht im Kühlschrank ruhen lassen.

**3** Den Backofen auf 200° vorheizen. Ein Backblech mit Backpapier auslegen.

**4** Den Teig auf etwas Mehl etwa 4 mm dünn ausrollen. Mit einer Ausstechform oder einem Glas von 6 cm Durchmesser Taler ausstechen. Die Taler auf das Backblech legen, im Backofen auf mittlerer Schiene (Umluft 180°) etwa 10 Minuten backen.

# *Beppos Honigabenteuer*

»Honig ist meine Leibspeise!«, brummelt der kleine Bär Beppo und schleckt die letzten Honigreste rund um Mutters Schnauze ab. Mutter Bär hat die süßen Honigwaben entdeckt und mit der Pfote aus dem Baumstamm herausgezogen. Wütend summen die Bienen um sie herum. »Los«, brummt die Bärenmutter dem kleinen Beppo zu, »schnell weg hier! Sonst stechen die Bienen dir noch in deine kleine Schnauze. Komm, ich zeig dir schon mal die Höhle für den Winterschlaf!«

Als der erste Schneesturm durch den Wald fegt, rollen sich Beppo und seine Mutter in ihrer Höhle zusammen. Die Mutter schnarcht ganz laut und Beppo kuschelt sich in ihr warmes Fell. Auf einmal hebt er den Kopf. Da draußen knirscht doch etwas im Schnee und ein Wiehern ist zu hören. Das sind Rentiere, die kennt Beppo genau. Vorsichtig kriecht er an den Eingang der Höhle und schiebt das Moos und Laub zur Seite. Sofort sieht er die Spuren im Schnee, die Hufe von den Rentieren

und die Kufen von dem großen Schlitten, der dort drüben am Waldrand hinter den Tannen verschwindet. Nur ein roter Mantel und eine rote Zipfelmütze sind noch kurz zu sehen.
Aber ein Duft, ein wunderbarer Duft nach süßem Honig steigt in Beppos Nase. Da liegen ja überall bunte Plätzchen im Schnee, eine duftende Spur bis zum Waldrand.
»Kra-kra«, tönt es von den Tannenzapfen herunter. Das sind die alten klugen Krähen. »Haben wir das nicht gut gemacht, kleiner Beppo?«, schreien die Krähen. »Wozu haben wir unsere scharfen Schnäbel? Immer reingehackt in die vollen Säcke auf dem Schlitten vom Nikolaus! Los, Beppo, es ist genug für uns alle da!«

Das lässt sich Beppo nicht zweimal sagen. So viele Honigtaler passen in seinen kleinen Bärenbauch! Und dann nimmt er noch ein Maul voll süßer Kekse für Mutter Bär mit in die Höhle. »Die wird Augen machen, wenn sie aufwacht«, denkt der kleine Beppo.

Ob bis zum Frühling noch etwas übrig ist von den Honigkeksen? Zur Sicherheit deckt Beppo ganz viel Moos darüber. Damit sie nicht so duften! So unwiderstehlich duften ...!

# Leckere Kastanienkugeln

*Was man für etwa 16 Stück braucht:*

10 getrocknete Pflaumen ohne Stein
10 Esslöffel gemahlene Haselnüsse
4 Esslöffel Sesam
4 Esslöffel Mandarinen- oder Orangen-Fruchtaufstrich

*Zum Verzieren:*

50 g gestiftelte Mandeln

*Außerdem:*

Pralinenmanschetten (gibt's im Kaufhaus)

*So wird's gemacht:*

**1** Die Pflaumen in kleine Stücke schneiden und im Mixer oder mit dem Blitzhacker pürrieren.

**2** Die Haselnüsse, den Sesam und den Fruchtaufstrich untermischen und alles gut verkneten.

**3** Aus der Masse etwa kastaniengroße Kugeln mit bemehlten Händen formen und Mandelstifte in die Kugel stecken, damit sie richtig stachelig aussehen.

**4** Die Kugeln in die Pralinenmanschetten setzen.

# Würzige Kokosmakronen

*Was man für etwa 10 Stück braucht:*

2 Eiweiß
1 Prise Salz
100 g Zucker
1 Eigelb
120 g Kokosraspeln
1 Messerspitze Zimt
1 Messerspitze Anis
1 Messerspitze Kardamom
$1/2$ Teelöffel Vanillezucker
$1/2$ Teelöffel Orange-back
etwa 10 Oblaten

*Außerdem:*

Backpapier

*So wird's gemacht:*

**1** Eiweiß und Eigelb vorsichtig trennen. Eiweiß und Salz mit den Schneebesen des Handrührgerätes steif schlagen. Den Zucker nach und nach unterrühren, bis die Masse fest und glänzend ist.

**2** Die restlichen Zutaten mit dem Eigelb verrühren und mit einem Teigschaber unter die Eischneemasse heben.

**3** Den Backofen auf 180° vorheizen. Ein Backblech mit Backpapier auslegen und die Oblaten darauf verteilen.

**4** Aus der Kokosmasse mit 2 Teelöffeln kleine Häufchen auf die Oblaten setzen.

**5** Die Kokosflocken im Backofen auf mittlerer Schiene (Umluft 160°) etwa 30 Minuten backen.

# *Der Weihnachtstraum vom Gartenzwerg Klaus*

In unsrem Garten steht ein Zwerg, das ist der kleine Klaus,
der hält mit seiner Karre Wacht genau vor unsrem Haus.

Und jedes Jahr zur Winterzeit, da hat er einen Traum:
Er hört die Vögel hungrig schrein in unsrem Apfelbaum.

Da wünscht er sich die Karre voll mit Korn und Haselnuss,
mit Sesamplätzchen ganz gefüllt als Weihnachtsvogelgruß.

Und Meisen, Spatzen fliegen her, der Dompfaff und der Fink,
das gibt ein Zwitschern, Schnabuliern, ein Flattern, Picken flink.

In diesem Jahr wird wahr der Traum von unsrem kleinen Klaus:
Wir füllen seine Karre voll wie unser Vogelhaus!

# Mäuseweihnacht

Kennt ihr die flotte Biene,
die Feldmaus Josefine?
Was denkt die sich bloß immer aus,
heut schlüpft sie in ein Menschenhaus!
O-la-la-la-la,
was macht das Mäuschen da?

Die Feldmaus Josefine,
die piept mit frecher Miene:
»Bei Menschens – da ist schwer was los,
was rackern die seit Tagen bloß?
Pi-pu-po-pap,
da fällt für mich was ab.

Den Schokoladenkuchen,
den muss ich gleich versuchen.
Die Nusskringel sind wundervoll,
die Mandelplätzchen – einfach toll!
Kein Ri-Ra-Rest
bleibt hier vom Mäusefest!«

»Das ist doch nicht zu fassen,
willst du das Naschen lassen!«
So brummt der dicke Teddybär
und tappt auf braunen Pfoten her.
»Schnell – ab – ins Nest,
heut ist doch Weihnachtsfest!

Friss bloß nicht noch die Herzen!
Mit mir ist nicht zu scherzen!
Ich hol den schwarzen Kater Klaus,
der jagt dich aus dem Haus heraus.
Mi-mo-ma-mas,
dann ist vorbei der Spaß!«

# Nuss-Schnitten

*Was man für etwa 30-35 Stück braucht:*

125 g Butter oder Margarine
100 g Ursüße (gibt's im Reformhaus)
1 Prise Salz
1 Päckchen Vanillezucker
2 Eier
200 g gemahlene Walnusskerne
$^1/_2$ Teelöffel Backpulver
125 g Vollkornweizenmehl

*Zum Verzieren:*

Walnusskerne, Mandeln oder Haselnüsse

*Außerdem:*

Backpapier

*So wird's gemacht:*

**1** Butter oder Margarine, Ursüße, Salz, Vanillezucker und Eier in eine Rührschüssel geben und mit den Schneebesen des Handrührgerätes schaumig rühren. Walnusskerne, Backpulver und Mehl mischen und unter den Teig mengen.

**2** Den Backofen auf 180° vorheizen. Ein Backblech mit Backpapier auslegen.

**3** Den Teig etwa 1 cm dick auf das Backpapier streichen. Mit dem Messer auf der Teigoberfläche vorsichtig Quadrate nachziehen und jedes Quadrat mit Walnusshälften, Mandeln oder Haselnüssen belegen.

**4** Die Nuss-Schnitten im Backofen auf mittlerer Schiene (Umluft 160°) 15-20 Minuten backen. Herausnehmen und abkühlen lassen. Dann in Quadrate schneiden.

# Schnelle Engelsgrüße

*Was man für etwa 25 Stück braucht:*

3 Esslöffel flüssigen Honig
2 Esslöffel Hagebuttenmark (gibt's im Reformhaus)
3 Eier
1 Prise Salz
abgeriebene Schale von 1 unbehandelten Zitrone
abgeriebene Schale von 1 unbehandelten Orange
180 g Vollkornweizenmehl
$1^1/_2$ Teelöffel Weinstein-Backpulver (gibt's im Reformhaus)

*Zum Verzieren:*

100 g Sonnenblumenkerne
100 g gehackte Mandeln

*Außerdem:*

Backpapier

*So wird's gemacht:*

**1** Den Honig mit dem Hagebuttenmark und den Eiern schaumig rühren. Das Salz, die Zitronen- und die Orangenschale hinzufügen.

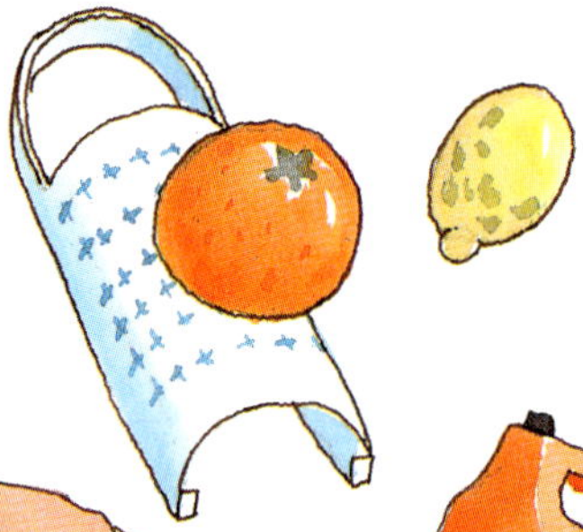

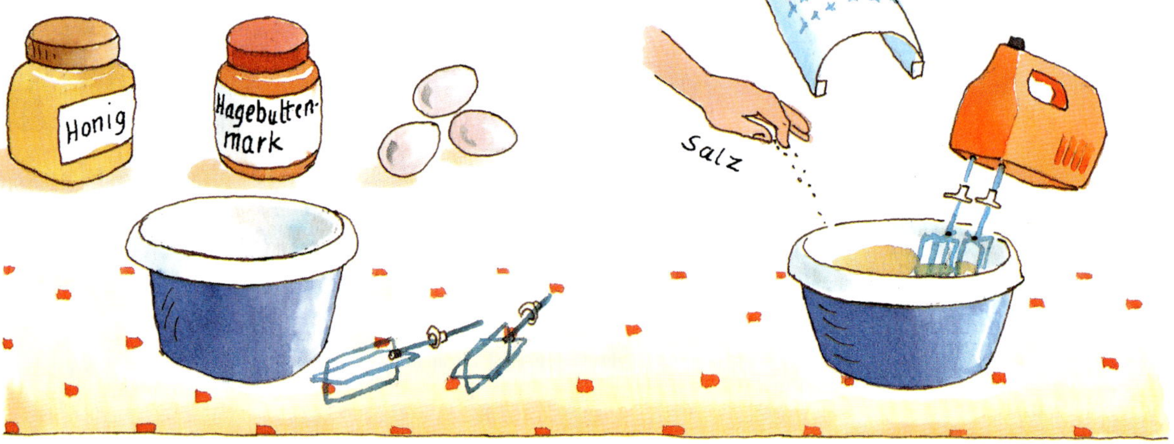

**2** Das Mehl mit dem Weinstein-Backpulver mischen und langsam unter die Honigmasse rühren. Der Teig sollte gut formbar sein. Ist er zu weich, noch etwas Mehl darunter kneten.

**3** Den Backofen auf 180° vorheizen. Ein Backblech mit Backpapier auslegen.

**4** Aus dem Teig mit 2 Teelöffeln kleine Häufchen auf das Backblech setzen. Die Häufchen mit Sonnenblumenkernen oder Mandeln bestreuen.

**5** Die Engelsgrüße im Backofen auf mittlerer Schiene (Umluft 160°) 12-15 Minuten backen.

# Sternentorte

*Was man für 1 Torte braucht:*

1 dunklen Wiener Boden (in 3 Böden geschnitten; gibt's beim Bäcker oder im Supermarkt)
Saft von 2 Orangen
1 Glas Orangenmarmelade (450 g)
2 Päckchen Haselnusskrokant
1 Glas Johannisbeergelee (450 g)
2 Messerspitzen Zimt
2 Messerspitzen Nelkenpulver
1 Teelöffel gemahlene Vanille (gibt's im Reformhaus)

*Zum Verzieren:*

200 g Zartbitter-Kuvertüre
200 g Marzipan-Rohmasse
100 g Puderzucker
1 Päckchen gelbe Lebensmittelfarbe

*Außerdem:*

Frischhaltefolie

*So wird's gemacht:*

**1** Die Wiener Böden vorsichtig voneinander lösen.

**2** Die Orangenmarmelade mit 1 Päckchen Haselnusskrokant, je 1 Messerspitze Zimt und Nelkenpulver sowie 1/2 Teelöffel Vanille vermischen. 1 Wiener Boden mit dem Saft von 1 Orange beträufeln und mit der Orangenmarmelade bestreichen. Den zweiten Boden darauf legen und mit dem übrigen Orangensaft beträufeln.

**3** Das Johannisbeergelee mit dem restlichen Haselnusskrokant, dem übrigen Zimt und Nelkenpulver sowie der restlichen Vanille vermischen. Den zweiten Wiener Boden damit bestreichen. Den dritten Boden darauf legen.

**4** Die Zartbitter-Kuvertüre grob zerkleinern und in einen kleinen Topf mit Stiel geben. In einem größeren Topf Wasser erhitzen, aber nicht kochen lassen. Den kleinen Topf hineinstellen und die Kuvertüre unter Rühren schmelzen lassen. Darauf achten, dass kein Wasser in die Kuvertüre gerät, sonst wird sie stumpf.

**5** Die Torte mit der Kuvertüre überziehen. Die Kuvertüre trocknen lassen.

**6** Die Marzipan-Rohmasse mit dem Puderzucker und der Speisefarbe verkneten und zwischen 2 Lagen Frischhaltefolie dünn ausrollen. Mit kleinen Backformen Sterne, Sternschnuppen und Halbmonde ausstechen und die Torte damit verzieren.

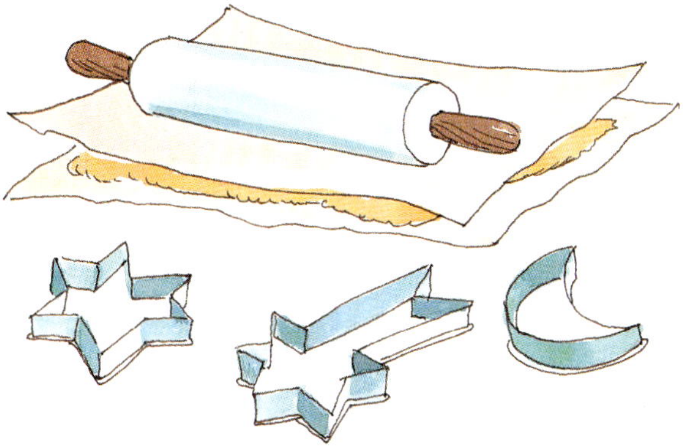

# Früchtebrot

*Was man für 1 Kastenform von 29 cm Länge braucht:*

180 g Butter
2 Eier
180 g Zucker
1 Esslöffel Milch
50 g Zitronat
50 g Orangeat
100 g Bitterschokolade
250 g Rosinen oder Korinthen
50 g klein gehackte Mandeln
1/2 Päckchen Backpulver
250 g Mehl
Fett für die Form

*So wird's gemacht:*

**1** Den Backofen auf 175° vorheizen. Eine Kastenform einfetten.

**2** Die Butter in einem Töpfchen bei schwacher Hitze zerlassen und in eine Rührschüssel umfüllen. Die Eiweiße von den Eigelben trennen. Eiweiße mit den Schneebesen des Handrührgerätes zu steifem Schnee schlagen. Eigelbe, Zucker und Milch unter die Butter mischen und alles gut verrühren.

**3** Zitronat, Orangeat und Schokolade fein hacken und mit den Rosinen und den Mandeln unter den Teig rühren. Backpulver und Mehl mischen und ebenfalls unterrühren. Den Eischnee gründlich unter den Teig heben.

**4** Den Teig in die Kastenform füllen. Das Früchtebrot im Backofen auf unterster Schiene (Umluft 150°) 1 Stunde 20 Minuten backen. In den letzten 15 Minuten die Temperatur auf 150° (Umluft 130°) zurückdrehen.

# *Früchtekuchen fürs große Hasenfest*

Drei kleine Hasenkinder hocken frierend in den Furchen des umgepflügten Ackers. »Gemein«, sagt der kleine Hase Hoppel-di-Poppel. »Wir Hasen gelten nur zu Ostern bei den Menschen was!«
»Genau!«, ruft der kleine Stoppel. »Da haben wir Hochsaison. In den Schaufenstern stehen wir rum, aus Schokolade und mit Goldpapier umwickelt.«
»Oder aus Marzipan mit Mandelaugen!«, wirft der kleine Tobi ein. »Immer müssen wir uns in den Ostertagen so anstrengen um rechtzeitig all die vielen Eier anzumalen und in die Nester für die Kinder zu legen.«
»Und zu Weihnachten, wenn die Menschen die schönsten duftenden Kuchen backen, dann sind wir vergessen. Total abgemeldet!«, schluchzt Stoppel. »Und das Gemeinste ist, dass die Menschen die alten Schokoladenhasen einschmelzen und daraus Weihnachtsmänner formen!«
»Verflixt und zugenäht!«, schimpft Hoppel-di-Poppel. »Wir wollen zu Weihnachten auch ein Fest haben! Ein richtig tolles Fest mit Lieder singen und köstlichen Kuchen!«

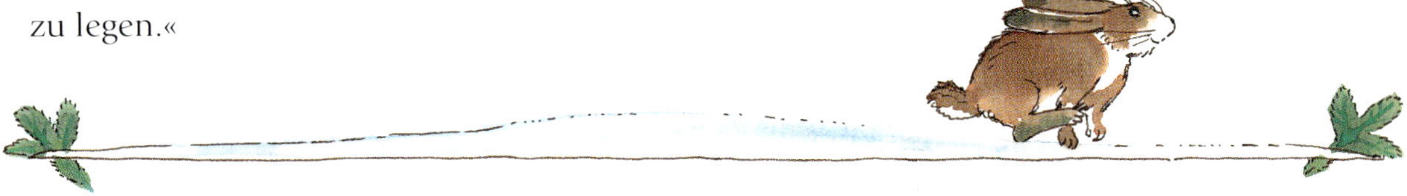

»Das wäre wunderbar! Mein Magen knurrt sowieso andauernd, jetzt im Winter!«, seufzt Stoppel und drei dicke Hasentränen kullern ihm in den Bart.
»Nicht verzagen, Hoppel-di-Poppel fragen!«, ruft das Älteste der Hasenkinder und macht Männchen. »Seht ihr drüben den Bauerngarten? Da hängen noch so viele Äpfel und Birnen an den Zweigen! Und runtergefallen sind bestimmt auch welche. Die holen wir uns! Und du, Tobi, kannst den alten Hamster fragen. Der hat im Herbst seine Gänge voll gestopft mit den vielen leckeren Weizenkörnern. Er soll dir ein paar Maul voll davon abgeben. Dafür darf er auch zu unserem großen Fest kommen. Du, Stoppel, hoppelst zu den Eichhörnchen und fragst, wo sie die Nüsse vergraben haben. Und ich mache das Gefährlichste. Ich laufe zu den Bienenkästen und klau ein paar Pfoten Honig. Freiwillig geben die Bienen ihn bestimmt nicht heraus. Die schlimmen Bienenstiche muss ich dabei wohl in Kauf nehmen!«
»Was für einen Kuchen wollen wir denn backen?«, fragt Tobi ganz neugierig. »Den schönsten Früchtekuchen der Welt!«, ruft Hoppel-di-Poppel ganz stolz.

Schnell hat es sich bei den Tieren herumgesprochen, dass die Hasen ein großes Fest mitten im Winter feiern wollen.
Die Mäuse helfen auch noch mit und stibitzen aus dem Keller der Menschen Rosinen und Schokolade und Gewürze.
Beim großen Hasenfest ist kein Krümel von dem leckeren Früchtebrot übrig geblieben. Backt es nach! Es wird euch sicher auch so ergehen.

# Schneller Becherkuchen

*Was man für 1 Blech (34 x 40 cm) oder für eine Auflaufform (20 x 36 cm) braucht:*

1 Becher Schlagsahne (200 ml)
1/2 Becher Zucker
1 Päckchen Vanillezucker
3 Eier
2 Becher Mehl
1/2 Päckchen Backpulver
1 Messerspitze Zimt
1 Prise Salz
Fett für die Auflaufform

*Für den Belag:*

100 g Butter
1/2 Becher Zucker
1 Päckchen Vanillezucker
4-6 Esslöffel Milch
150 g gehobelte Mandeln

*Außerdem:*

1 leeren, sauberen Sahnebecher (Inhalt 200 g) zum Abmessen
Backpapier

*So wird's gemacht:*

**1** Die Sahne in eine Schüssel gießen. Zucker, Vanillezucker und Eier dazugeben und alles mit den Schneebesen des Handrührgerätes gründlich verrühren.

**2** Mehl, Backpulver, Zimt und Salz mischen und nach und nach unter die Eiermasse ziehen.

**3** Den Backofen auf 200° vorheizen. Ein Backblech mit Backpapier auslegen.

**4** Den Teig auf das Backblech streichen oder in die ausgefettete Auflaufform füllen (in der Form wird der Kuchen zwar kleiner, dafür aber höher). Den Kuchen im Backofen auf mittlerer Schiene (Umluft 180°) 10-15 Minuten backen.

**5** Inzwischen für den Belag die Butter bei schwacher Hitze schmelzen lassen. Dann mit dem Zucker, dem Vanillezucker, der Milch und den Mandeln verrühren.

**6** Das Backblech herausnehmen. Die Butter-Mandel-Mischung auf der Kuchenplatte verteilen.

**7** Den Kuchen auf der nächst höheren Schiene nochmals 10-15 Minuten backen.

# *Die Geschichte von Max, dem Igelkind*

Der kleine Max, das Igelkind,
der spürt den kalten Winterwind.
Doch Max, der denkt: »Ich hab Zeit
und Eis und Schnee, die sind noch weit!

Ich trippel zu den Bäumen dort,
such mir die schönsten Früchte aus.
Und wenn ich voll gefuttert bin,
dann kriech ich in mein Winterhaus.«

Da fallen Flocken dicht an dicht
und nachts, da wird es bitterkalt.
Doch horch, von fern ein Glöcklein klingt
her aus dem dunklen Winterwald.

Der Nikolaus, der gute Mann,
auch nicht ein Tier im Wald vergisst.
Er weiß genau, was Spatz und Maus,
was Eichhörnchen und Igel frisst.

Und für den Max, das Igelkind,
hat er die Äpfel mitgebracht.
Die kullern in den weichen Schnee
in dieser kalten Winternacht.

Der Max, der streckt sein Schnäuzchen raus
und schnuppert: »Super, das riecht toll!«
Und schon geht's weiter, schmitz und schmatz,
er stopft sein kleines Bäuchlein voll.

Wollt ihr's probieren, dann fangt gleich an!
Und holt euch Äpfel, meine Lieben.
Füllt sie mit Mandeln und Honig,
ich hab euch alles aufgeschrieben.

# Nikolausäpfel mit Vanillesoße

*Was man für 4 Stück braucht:*

4 große aromatische Äpfel
50 g gemahlene Haselnüsse
30 g Sesam
2 Esslöffel Honig
1 Esslöffel Zitronensaft
Fett für die Form

*Für die Vanillesauce:*

1/2 l Milch
1/2 Päckchen Vanillepuddingpulver
2 Esslöffel Zucker

*Zum Garniern:*

Preiselbeermarmelade
3 Esslöffel Mandelblättchen

*So wird's gemacht:*

**1** Die Äpfel waschen, abtrocknen, die Stiele entfernen und die Kerngehäuse ausstechen oder herausschneiden, dabei aber die Äpfel nicht ganz durchstechen.

**2** Den Backofen auf 200° vorheizen. Eine feuerfeste Form einfetten.

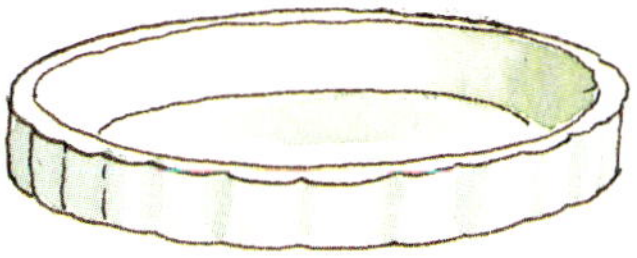

**3** Haselnüsse, Sesam, Honig und Zitronensaft miteinander vermischen und die Äpfel mit der Masse füllen.

**4** Die Äpfel in die Form setzen und im Backofen auf mittlerer Schiene (Umluft 180°) etwa 30 Minuten backen.

**5** Inzwischen die Vanillesauce nach Anleitung auf der Packung zubereiten.

**6** Die fertigen Bratäpfel auf Teller verteilen und mit Preiselbeermarmelade verzieren. Die Backflüssigkeit darüber träufeln. Die Bratäpfel mit der Vanillesauce umgießen, mit Mandelblättchen bestreuen und servieren.

# Tannenbaum- oder Sternkuchen

*Was man für 1 Backform (möglichst in Form eines Sterns oder eines Tannenbaumes) von etwa 1 l Inhalt braucht:*

250 g weiche Butter
180 g Zucker
5 Eier
1 Vanilleschote
250 g Mehl
1 Teelöffel Backpulver
Saft von 2 Orangen
Fett für die Form
Semmelbrösel zum Ausstreuen

*Zum Verzieren nach Belieben:*

geschälte ganze Mandeln
kandierte Früchte

*Außerdem:*

eventuell Alufolie

*So wird's gemacht:*

**1** Den Backofen auf 180° vorheizen. Eine Stern- oder Tannenbaumbackform gut ausfetten und mit den Semmelbröseln ausstreuen.

**2** Die Butter mit den Schneebesen des Handrührgerätes schaumig rühren. Den Zucker langsam dazugeben.

Nach und nach die Eier unterrühren, bis eine hellgelbe, schaumige Masse entstanden ist. Die Vanilleschote mit einem spitzen Messer aufschlitzen, das Mark herauskratzen und unterrühren.

**3** Das Mehl mit dem Backpulver mischen und nach und nach unter den Teig rühren.

**4** Den Teig in die Form geben. Den Kuchen im Backofen auf unterster Schiene (Umluft 160°) etwa 50 Minuten backen. Mit einem langen Holzstäbchen oder einer Stricknadel in die Mitte des Kuchens piksen und wieder herausziehen. Haftet kein Teig daran, ist der Kuchen fertig, sonst noch etwa 10 Minuten backen. Den Kuchen dabei eventuell mit Alufolie abdecken, damit er oben nicht zu dunkel wird.

**5** In den noch warmen Kuchen mit einem Holzstäbchen Löcher stechen, dann den Kuchen mit dem Orangensaft beträufeln. Nach Belieben mit Mandeln und kandierten Früchten verzieren.

*Überraschungstipp:*

1 oder 2 ganze Mandeln in den Teig stecken und mitbacken. Wer später eine Mandel findet, darf sich etwas wünschen, beispielsweise einen gemeinsamen Besuch des Weihnachtsmarkts oder einer Weihnachtsvorstellung im Kindertheater.

# *Lied vom naschhaften Nikolaus*

Die Verse lassen sich auf die Melodie »Lasst uns froh und munter sein« singen.

Hört euch die Geschichte an
vom Nikolaus, dem guten Mann.
Niklaus muss jahraus, jahrein
so viel rackern und fleißig sein.

Niklaus fährt durch den Winterwald,
hui, heut ist es bitterkalt.
Rumpel, pumpel, über Stock und Stein,
wann wird der Weg wohl zu Ende sein?

Ist der Esel auch festgezurrt?
Oh, dem Niklaus der Magen knurrt.
»Greif ich mal in einen Sack,
dann trag ich ihn leichter huckepack.«

Hei, der süße Spekulatius schmeckt,
Niklaus hat das Marzipan entdeckt.
Und die Printen hinterher,
hei, der Sack ist nun nicht mehr schwer.

Und nun kommt das erste Haus,
Niklaus stapft in den Schnee hinaus
und verteilt die Gaben im Nu,
er vergisst sicher keinen Schuh!

Nun sind alle Säcke leer,
Niklaus hat jetzt gar nichts mehr.
Doch es fehlt ja noch ein Haus!
Da erschrickt der gute Nikolaus.

Greift in seine Taschen rein,
was mag wohl da drinnen sein?
Ha, da hat er was entdeckt.
Spielzeug ist ganz tief versteckt.

Die liebe kleine Zwergenschar
tief im Wald ganz fleißig war.
Zwerge sind geschickt und schlau,
kennen unsren Niklaus genau.

Niklaus holt die Aufziehmaus,
Bär und Puppe gleich heraus.
Und so füllt sich rasch im Nu
sicher auch noch euer Schuh!

Danke, lieber Nikolaus!